Adventskränze & weihnachtliche Gestecke

Silvia Braun
Margret Eisenbrandt
Ulrike Geisemeier
Tanja Huber
Karin A. Moisel
Kerstin Walther

CHRISTOPHORUS

Inhalt

Schöne Adventszeit

Die dunkle Jahreszeit beginnt und wir freuen uns auf die Adventszeit und auf Weihnachten. Der Adventskranz mit seinen vier Kerzen teilt die Zeit des Wartens ein und macht sie – vor allem für Kinder – anschaulicher.

Neben den klassischen Kränzen stellen wir in diesem Buch auch Anregungen für weihnachtliche Gestecke und Deko-Kugeln vor. Ob die Dekoration in der gewohnten Weihnachtsfarbe Rot oder zur Abwechslung in einer anderen Farbe gestaltet wird, bleibt dem persönlichen Geschmack überlassen. Alle verwendeten Materialien und Farben können Sie beliebig variieren.

Auch wenn Sie noch nicht allzu viel Erfahrung mit floristischen Arbeiten haben, werden Sie in diesem Buch Vorschläge finden, die leicht nachzuarbeiten sind und gut gelingen. Einige Objekte erfordern etwas Zeit und Geduld, aber die Ergebnisse werden Sie begeistern. Und immer sind es Unikate, die Sie selber hergestellt haben.

Wir wünschen Ihnen eine schöne und besinnliche Vorweihnachtszeit, viel Spaß beim Anfertigen Ihres Weihnachtsschmuckes und ein frohes Fest!

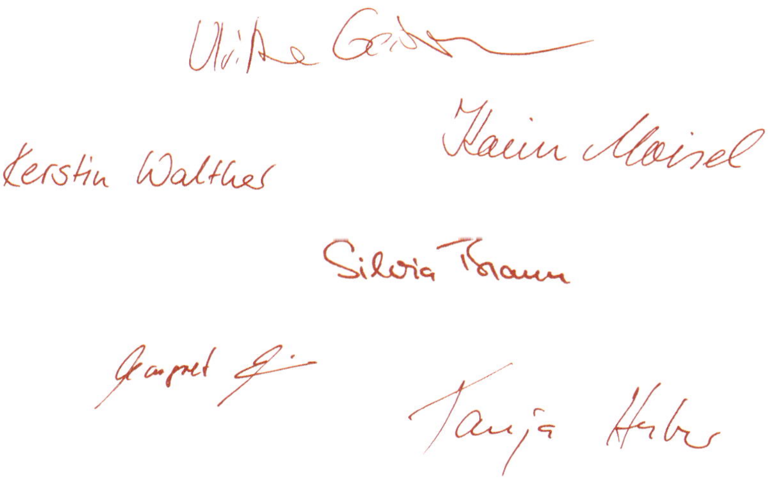

Material & Technik

Hilfsmittel

Folgende Grundausstattung wird immer benötigt, aber nicht mehr extra erwähnt:

- Blau geglühter Blumendraht der Stärke 0,65 mm zum Binden von Kränzen
- Grün lackierter Steckdraht der Stärke 1 mm zum Biegen von U-Haften (U-förmig gebogene Drahtstücke, mit denen z. B. Moos befestigt wird) und Andrahten von Kugeln u.s.w. oder fertige Römerhaften, 10 x 30 mm
- Grüner Blumendraht der Stärke 0,3 mm, um z. B. Kränze mit Moos zu verkleiden
- Kerzenstieldraht der Stärke 1,4 mm zum Andrahten von Kerzen
- Gartenschere
- Schere
- Seitenschneider
- Kneifzange zum Kürzen von Zapfenschuppen
- Holzspieß zum Befestigen von Bändern in Deko-Kugeln
- Heißklebepistole, bei Styropor Niedertemperatur-Klebepistole
- Twister oder Stricknadel (zum spiralförmigen Aufdrehen von Lackdraht)
- Pinsel zum Bemalen des Styroporkranzes
- Bleistift und Transparentpapier zum Übertragen von Vorlagen

Material

Für alle frisch gebundenen Kränze sind Zweige von Buchs, Thuja, Zypresse, Scheinzypresse, Eibe, Wacholder, Seidenkiefer und Blau- oder Nordmanntanne geeignet, da diese nicht sofort beim Trocknen nadeln. Als Mittelpunkt einen Strohrömer verwenden. Moos und Zapfen können gesammelt oder im Hobbyfachhandel erworben werden. Zubehörteile wie Bänder, Kerzen, Christbaumschmuck, Dekostreuteile, Filz usw. sind ebenfalls im Bastelgeschäft oder in Baumärkten und Kaufhäusern zu finden.

Deko-Kugeln

Zum Anbringen des Aufhängebandes bei Deko-Kugeln das Band flach auf die freigelassene Stelle legen, mit der stumpfen Seite eines Holzspießes das Band in das Styropor eindrücken und mit etwas Klebstoff sichern.

Mooskränze

Für einen Mooskranz einen Strohkranz vollständig mit Plattenmoos bedecken. Dabei werden die einzelnen Platten zunächst mit U-Haften festgesteckt, dann mit feinem grünen oder goldfarbigen Bindedraht umwickelt, bis das Moos den Strohkranz ganz gleichmäßig und dicht umschließt. Dazu sind mehrere Durchgänge beim Umwickeln notwendig. Eventuell das Moos mit Haarspray besprühen, so bleibt es lange grün.

Einen Kranz binden

1 Als Grundlage entweder einen fertigen Strohrömer verwenden oder einen Drahtreifen mit etwas Stroh oder dünnen Zweigen auf eine Dicke von etwa 3 cm verstärken.

2 Die 8 bis 10 cm lange Spitzen der Tannenzweige mit der Gartenschere abschneiden. Den Bindedraht am Römer oder Reifen festbinden. Mehrere Zweigspitzen nebeneinander von außen nach innen am Reifen anlegen und mit Draht umwickeln, dabei auf eine gleichmäßig runde Form achten.

3 Eine nächste Schicht Zweigspitzen rechts daneben legen, die die Enden der ersten Schicht verdecken. So fortfahren, bis kein Stroh mehr zu sehen ist. Zum Schluss die ersten Zweige etwas anheben, um die Stiele der Zweigspitzen zu befestigen. Es ist hilfreich, den Kranz während des Bindens gelegentlich von oben zu betrachten. Eine ungleichmäßige Form ist so leichter zu erkennen. Einige Zweige können noch nachträglich unter den Draht geschoben oder mit U-Haften befestigt werden.

Stecken und Kleben

Die Kerzengestecke auf einer Grundlage aus Steckschaum für Trockengestecke fertigen. Zweige und Dekoteile können dort einfach eingesteckt werden. Korrekturen sind möglich, sollten jedoch nicht zu häufig vorgenommen werden, da ausgehöhlter Steckschaum keinen Halt mehr bietet. Teile, die nicht gesteckt werden können, mit der Heißklebepistole befestigen.

Kerzen andrahten

Mit 1,4 bis 1,6 mm starkem Stieldraht können Kerzen sicher befestigt werden. Einen 4 bis 5 cm langen Draht über einer Flamme erhitzen und etwa 1 cm tief in den Kerzenboden stecken. Der Draht muss so heiß sein, dass das Einstecken relativ einfach geht. Wenn mit zu viel Druck gearbeitet wird, kann die Kerze auseinanderbrechen. Je nach Durchmesser sind zwei bis vier Drähte pro Kerze notwendig.

In Grün-Weiß

MATERIAL

- *Kranz aus gemischtem Bindegrün*
- *4 Kerzen in Hellgrün 70 x 50 mm*
- *Aluminiumdraht in Hellgrün, 2 mm ∅, 2 m*
- *Je 1 Rattankugel in Hell- und Dunkelgrün, 3 cm ∅*
- *7 Amberzapfen, gebleicht*
- *5 Glaskugeln in Hellgrün, matt und glänzend, 2,5 cm ∅*
- *7 Filzsterne in Creme, 3 cm ∅*

1 Den Kranz entsprechend der Anleitung auf Seite 7 aus gemischten Zweigen binden.

2 Die Kerzen mit Kerzenstieldraht andrahten und in Zweiergruppen in einer Kranzhälfte anbringen.

3 Aus dem Aluminiumdraht größere und kleinere Spiralen drehen und diese verteilt in den Kranz stecken.

4 Die Kugeln, Zapfen und Sterne ebenfalls auf dem Kranz verteilen und mit wenig Heißkleber befestigen.

Kranz in Creme

MATERIAL

- *Kranz aus gemischtem Bindegrün*
- *2 Zimtstangen, 30 cm*
- *6 Sisalsterne in Hellgrün-Creme, 4 cm*
- *Anissterne*
- *Lärchenzweige mit Zapfen*
- *Lärchenzapfen*
- *Band in Creme-Gold, 4 cm breit, 60 cm*
- *Vierkantkerzen in Creme, 35 mm breit, 5 + 7,5 + 9,5 + 11,5 cm hoch*
- *Messingdraht, 0,3 mm ∅*

1 Den Kranz entsprechend der Anleitung auf Seite 7 aus gemischtem Bindegrün binden.

2 Die Kerzen mit Kerzenstieldraht andrahten und im gleichen Abstand in der hinteren Kranzhälfte einstecken.

3 Die Sterne nach der Abbildung zwischen den Kerzen und im Vordergrund mit Heißkleber befestigen.

4 Zimtstangen in jeweils drei Teile brechen und mit feinem Messingdraht bündeln. Die Bündel neben der ersten und der vierten Kerze ankleben.

5 Anissterne, Lärchenzweige und -zapfen gleichmäßig auf dem Kranz verteilen und fixieren.

6 Das Band in zwei Teile schneiden. Die Bandabschnitte jeweils so fassen, dass hinten eine größere und vorn eine kleinere Schlaufe liegt. Die Schlaufen mit Messingdraht zusammenbinden und in der Kranzöffnung unterhalb der ersten und der vierten Kerze festkleben.

Kranz in Orange

MATERIAL

- *Kranz aus gemischtem Bindegrün*
- *4 Kerzen in Orange, 80 x 60 mm*
- *Organzaband mit Sternen in Orange-Gold, 2,5 cm breit, 4x ca. 45 cm*
- *4 Zimtstangen, 25 cm lang*
- *8 Orangenscheiben, getrocknet*
- *8 Glaskugeln in Orange, 2,5 cm ∅*
- *12 Fichtenzapfen*
- *Messingdraht, 0,3 mm ∅*

1 Den Kranz entsprechend der Anleitung auf Seite 7 binden.

2 Die Kerzen mit Kerzenstieldraht andrahten und in den Kranz stecken.

3 Aus den 45 cm langen Bandabschnitten Schleifen binden. Hierfür das Band in Form einer Acht legen, am Schnittpunkt etwas raffen und mit Draht zusammenbinden. Die Schleifen mit Heißkleber jeweils hinter einer Kerze befestigen. Über den Schleifenmittelpunkt eine Glaskugel kleben.

4 Zimtstangen in jeweils drei Teile brechen und mit Messingdraht bündeln. Die vier Kerzenzwischenräume jeweils mit zwei Orangenscheiben, einem Zimtbündel und einer Glaskugel dekorieren.

5 Die Fichtenzapfen in etwa gleichen Abständen mit der Spitze nach außen jeweils zu zweit an den unteren Rand des Kranzes kleben.

Rindengesteck

MATERIAL

- *Rindenstück, ca. 15 x 55 cm*
- *Steckschaum*
- *Plattenmoos*
- *Efeuranken mit Früchten*
- *Zypressenzweige*
- *Orangenschalen, getrocknet*
- *Fichtenzapfen*
- *4 Kerzen in Orange, 70 x 60 mm*

1 Den Steckschaum so zuschneiden, dass er sich der Rundung der Rinde anpasst. Anschließend den Steckschaum einkleben und vollständig mit Moos bedecken.

2 Die Kerzen andrahten und so in den Steckschaum einstecken, dass in der Mitte eine etwas größere Lücke bleibt.

3 Efeuranken mit U-Haften befestigen und an der linken Schmalseite einige Zypressenzweige einfügen.

4 Das Gesteck mit Orangenschalen, Efeufrüchten und Zapfen ausschmücken.

TIPP

Die Spitzen der Fichtenzapfen mit dem Seitenschneider so abschneiden, dass Rosetten entstehen.

Moos-Efeu-Kranz

MATERIAL

- *Strohkranz, 30 cm ∅*
- *Plattenmoos*
- *Efeuranken*
- *Lärchenzweige mit Zapfen*
- *Zypressenzapfen*
- *5 Filzsterne*
- *4 Kerzen in Rot, 60 x 50 mm*

1 Den Mooskranz anfertigen. Dazu nach der Beschreibung auf Seite 6 den Strohkranz mit Plattenmoos bedecken.

2 Die Efeuranken mit U-Haften am Kranz befestigen. Die Kerzen mit Kerzenstieldraht andrahten und gleichmäßig verteilt auf dem Kranz einstecken.

3 Zum Schluss den Kranz mit Lärchenzweigen, Zypressenzapfen und den Filzsternen dekorieren

TIPP

Efeu bleibt auch nach dem Eintrocknen lange Zeit grün. Das Eintrocknen kann durch Besprühen mit Wasser verzögert werden. Der Kranz kann auch über Nacht ins Freie gestellt werden, wenn der Platz überdacht ist.

Tontopfkranz

MATERIAL

- *Strohrömer, 22 cm ∅*
- *Tannengrün*
- *4 Tontöpfe, 6 cm ∅, 5 cm hoch*
- *4 Teelichter*
- *8 Steckdrahtstücke, 6 cm lang*
- *4 Kumquats (Zwergorangen)*
- *4 Zimtsterne aus Ton*
- *Orangenscheiben, getrocknet*
- *Orangenschale, geringelt*
- *8 Zimtstangen, 7 cm lang*
- *Schleifenband in Gelb-Gold, 90 cm lang*
- *4 Anissterne*
- *Tonstreuteile „Lebkuchen“, „Brezel“, „Bär“, „Stern“*
- *4 Holz-Petys, Tropfenform in Gelb, 2,5 x 2 cm*

1 Den Kranz nach der Anleitung auf Seite 7 mit frischem Tannengrün fertigen.

2 Acht 6 cm lange Steckdrahtstücke 1 cm weit im rechten Winkel so umbiegen, dass ein „L“ entsteht. Jeweils zwei Drahtstücke durch die untere Öffnung eines Tontopfes stecken und mit Heißkleber fixieren. Die Tontöpfe gleichmäßig verteilt auf dem Kranz anordnen.

3 Das Schleifenband in vier gleichgroße Stücke schneiden. Jeweils eine Schleife um zwei Zimtstangen binden und mit Heißkleber am Fuß der Tontöpfe anbringen.

4 Alle übrigen Dekorationsteile ebenfalls mit Heißkleber auf dem Kranz fixieren.

Orangen, Holz & Zapfen

MATERIAL

- *Styroporflachring, 35 cm ∅*
- *4 Adventskerzenhalter, 6 cm ∅*
- *4 Kerzen in Hellgrün*
- *35 kleine Kiefernzapfen*
- *Zweige, frisch geschnitten*
- *Holzscheiben*
- *Orangenscheiben*
- *Zimtstangen, ca. 3 cm lang*
- *6 Äpfel in Grün, 3 cm*
- *12 Äpfel in Grün, 2 cm*
- *12 Holzperlen in Hellgrün, 12 mm ∅*
- *Swarovski-Schliffperlen in Weiß opal, 4 mm ∅*
- *8 Glaskugeln in Grün, 3 cm ∅*
- *Acrylfarbe in Braun*

1 Den Styroporring als erstes in Braun grundieren, damit das Weiß nicht durch das Naturmaterial hindurchleuchtet.

2 Die vier Adventskerzenhalter gleichmäßig auf der gewölbten Seite des Kranzes verteilen und festkleben.

3 Auf den freien Flächen alle Kiefernzapfen in Gruppen oder einzeln anordnen und mit Klebstoff fixieren.

4 Die restlichen Lücken mit Holzscheiben ausfüllen, auch Scheiben versetzt übereinander befestigen.

5 Äpfel, Orangenscheiben, Zimtstangen, Glaskugeln, hellgrüne Holzperlen und Swarovski-Schliffperlen dekorativ anordnen.

6 Frische Zweige zwischen den Materialien auf dem Kranz arrangieren. Sie werden trocken und behalten ihre Form.

TIPP

Bei Styropor eine Niedertemperatur-Klebepistole (etwa 100° C) verwenden, damit das Styropor nicht schmilzt.

Rosenkranz

MATERIAL

- *Strohrömer, 20 cm ∅*
- *Blautanne, Nordmanntanne*
- *Frischblumen-Steckschaumkranz, 18 cm ∅*
- *4 Stumpenkerzen in Gelb, 5 cm ∅, 8 cm hoch*
- *10 Rosen in Gelb*
- *Efeu*
- *Mistelzweige*
- *Ranken*
- *Hahnenfedern*

1 Den Kranz nach der Anleitung auf Seite 7 mit frischer Blau- und Nordmanntanne binden.

2 Den Steckschaumkranz kopfüber in Wasser legen und mindestens zehn Minuten liegen lassen. Den äußeren und inneren Plastikring des Steckschaumkranzes am unteren Drittel mit Efeublättern abdecken. Diese mit Römerhaften oder Stecknadeln fixieren.

3 Die Kerzen mit 7 cm langen Drähten andrahten und durch die Steckschaummasse hindurch auf dem unteren Kranz feststecken.

4 Die Rosen kürzen und anschneiden. Zwischen die Kerzen jeweils zwei Rosen stecken. Die Misteln gleichmäßig auf dem Kranz verteilen. Die Hahnenfedern an die Kerzenfüße stecken. Mit kleinblättrigen Efeuranken umwickeln.

TIPP

Den Kranz in den folgenden Tagen feucht halten oder eintrocknen lassen. Auch das sieht hübsch aus.

Klassisch in Rot

MATERIAL

- Strohrömer, 30 cm ∅
- Blautanne, Nordmanntanne
- 4 Stumpenkerzen in Rot, 6 cm ∅, 9 cm hoch
- Schleifenband in Rot-Grün-Gold, 2 m lang
- 4 Filz-Schneeflocken in Rot, 3 cm, 6 cm
- 3 Glastannenbäume, 6 cm
- Glastannenbäume, 3 cm
- 3 Christbaumkugeln in Rot, 4 cm ∅
- 4 Christbaumkugeln in Gold, 1,5 cm ∅
- 4 Christbaumkugeln in Rot, 1,5 cm ∅
- 2 Glöckchen, lackiert, in Rot, 3 cm
- 2 Glasherzen in Gold, 3,5 cm
- 8 Chilies
- 10 Erdnüsse
- 4 halbe Walnüsse
- 10 Putka Pods (ersatzweise Haselnüsse)
- Messingdraht, 0,3 mm ∅
- 10 Perlen in Gold, 8 mm ∅

1 Den Kranz nach der Anleitung auf Seite 7 mit frischer Blau- und Nordmanntanne binden.

2 Die Kerzen andrahten und in gleichmäßigen Abständen auf dem Kranz anbringen.

3 Vier Schleifen binden und in die Mitte jeweils ein Glöckchen oder eine Filzflocke kleben. Die Schleifen an den Kerzenfüßen ankleben oder andrahten.

4 Alle weiteren Streuteile mit Heißkleber befestigen. Die Perlen auf den Messingdraht fädeln, dabei vor und nach jeder Perle einen Knoten machen. Den Draht über einem Stift zur Spirale drehen und über den Kranz legen.

MATERIAL

Mit Hyazinthen

- Zinkschale oder Schale nach Wunsch, halbrund, 40 x 15 cm, 9 cm hoch
- Blumensteckmasse
- 4 Stumpenkerzen in Creme oder Weiß
- Verschiedene frische grüne Zweige
- Rinden- und Aststücke
- Walnüsse
- Hyazinthen, vorgetrieben

Anleitung Seite 28

TIPP

Die Wurzeln der Hyazinthen täglich mit einem Wassersprüher feucht halten.

Kranz mit Halter

MATERIAL

- *Adventskranzhalter in Rot*
- *Strohrömer, 25 cm ∅*
- *Gemischtes Bindegrün*
- *Band in Rot, ca. 2 m*
- *Holzstern, klein*
- *4 Kerzen*
- *4 Kerzenhalter, sternförmig*
- *Dekostreuteil „Elch"*

1 Den Kranz gemäß der Anleitung auf Seite 7 mit verschiedenen Zweigen fertigen.

2 Zwei etwa 1 m lange rote Bänder an jeweils zwei gegenüberliegenden Seiten am Kranz festbinden. Die Kugel vom Stab des Adventskranzhalters entfernen. Die Mitte der Bänder zusammennehmen, so auf den Stab legen, dass der Kranz gerade hängt, und die Kugel aufsetzen.

3 Den kleinen Holzstern festkleben. Die Kerzenhalter fixieren und den Kranz nach Wunsch dekorieren.

Mit Hyazinthen

Abbildung & Materialangaben Seite 26/27

1 Die Steckmasse mindestens zehn Minuten wässern. Dann die Zinkschale damit füllen.

2 Die Rindenstücke andrahten und am Rand entlang in die Steckmasse stecken. Ebenso die grünen Zweige einstecken.

3 Die Kerzen und die Hyazinthen andrahten und im Gesteck arrangieren. Zum Schluss Nüsse und kleine Aststücke mit Heißkleber fixieren.

1
2
3
4
5
6
7
8
9
10
11
12
13
14
15
16
17
18
19
20
21
22
23
24

Aus Zimtstangen

MATERIAL

- Styroporring, flach, 30 cm ∅
- 12 Kerzen in Weiß, 1 cm ∅, 25 cm lang
- ca. 150 Zimtstangen, 8 cm lang
- Moos
- Zimtstange, groß, 2 cm ∅, 40 cm lang
- 13 Christbaumkugeln in Kupfer, 2 cm ∅
- 7 Christbaumkugeln in Kupfer, 3 cm ∅
- 5 Christbaumkugeln in Perlmutt, 2 cm ∅
- 5 Limettenscheiben
- Sisal in Weiß

1 In den Styroporkranz vorsichtig an vier Stellen je drei Löcher vorbohren oder mit einem spitzen Gegenstand einstechen.

2 Den Kranz zuerst innen mit Zimtstangen bekleben, dann den äußeren Rand. Die Zimtstangen so eng aneinander anbringen, dass kein Styropor mehr sichtbar ist.

3 Die Kerzen an den vorbereiteten Stellen fest in den Kranz drücken. Mit Moos auffüllen.

4 Die lange Zimtstange in ca. 3 cm lange Stücke teilen und über die Kerzen ziehen. Anschließend den Kranz mit Kugeln, Efeu, Limetten, Koniferen und Sisal dekorieren.

TIPP

Zum Wiederverwenden die Dekoteile nicht ankleben.

Elch-Gestecke

MATERIAL

- 4 Tontöpfe, 9 cm hoch
- Serviette „Elch“
- Serviettenkleber
- Islandmoos in Natur
- 4 Leuchterkerzen in Creme, 25 cm hoch
- Canella in Natur (ersatzweise künstliche Beeren)
- 4 Zimtstangen, 25 cm lang
- Messingdraht, 0,3 mm ∅
- 4 Metallhänger „Elch“ in Schwarz, 7 cm

1 Pro Topf ein Motiv aus der Serviette ausschneiden, die obere Lage abziehen und diese vorsichtig mit Serviettenkleber auf dem Topf platzieren.

2 Den Topf mit Steckschaum füllen und oben mit Islandmoos bedecken.

3 Die angedrahtete Kerze in die hintere Topfhälfte einstecken. Die Canella mit U-Haften am vorderen Topfrand befestigen.

4 Pro Topf eine Zimtstange in zwei Teile brechen, mit Messingdraht bündeln und quer über den Topf kleben. Zwischen Kerze und Zimt den Elch einkleben. Vorher die Aufhängeöse eventuell mit einer Zange abbrechen.

TIPP

Vier gleich gestaltete Gestecke können einen Adventskranz ersetzen. Stehen die Töpfchen als Dekoration in der Tischmitte, sollten sie beidseitig ausgeschmückt werden. Entsprechend erhöht sich der Materialbedarf.

Gesteck in Orange-Rot

MATERIAL

- Tontopf in Rot-Gold, 19 cm ∅
- Sisalstern in Orange, 25 cm ∅
- Kerze in Orange, 100 x 60 mm
- Plattenmoos
- Zypressenzweige
- 3 Sisalsterne in Orange, 8 cm ∅
- 3 Draht-Sisalsterne in Orange, 6 cm ∅
- 3 Äpfel in Rot, künstlich, 4 cm ∅
- 4 Sterne in Rot, gezuckert, 4 cm ∅
- 10 Orangenscheiben, getrocknet
- 3 Zimtstangen, 25 cm lang
- Lackdraht in Rot, 0,5 mm ∅

1 Den Sisalstern auf den Topfrand kleben und mit Heißkleber ein Stück Steckschaum auf der Mitte des Sterns befestigen.

2 Den Steckschaum mit Moos bedecken. Die Kerze andrahten und in den Steckschaum stecken.

3 Alle Gesteckbestandteile gleichmäßig verteilen, bis kein Moos mehr sichtbar ist. Die mit Draht versehenen Teile stecken, alle anderen mit Heißkleber fixieren.

4 Lackdraht mit einer Stricknadel oder dem Twister aufdrehen und das fertige Gesteck zum Abschluss damit umwickeln.

Mooskranz mit Beeren

MATERIAL

- Strohrömer, 10 cm ∅
- Strohrömer, 22 cm ∅
- Moos
- 12 Kiefernzapfen, ca. 3 cm
- Pfefferbeeren
- Kerze, 8 cm ∅, 15 cm hoch
- Messingdraht, 0,3 mm ∅
- Haarspray

1 Die Strohrömer mit Moos belegen und mit Messingdraht umwickeln. Beide Kränze mittig aufeinanderlegen.

2 Die Kiefernzapfen in der Stufe platzieren. Dazu den Messingdraht an den unteren Kranz knoten, die Zapfen mehrmals umwickeln und den Draht über den oberen Kranz nach innen zurückführen. Alle Zapfen auf diese Art fest anbringen.

3 Die roten Pfefferbeeren mit Römerhaften oder mit Heißkleber fixieren. Mit Haarspray besprühen.

Zimt-Nadel-Kranz

MATERIAL

- Strohrömer, 18 cm ∅
- ca. 120 Zimtstangen, 3-5 cm lang
- Strohrömer, 22 cm ∅
- Tannengrün, Koniferen, Kiefernzweige
- 5 Zimtsterne
- Schleifenband in Rot, 60 cm lang
- Kerze in Weiß, 7,5 cm ∅, 17 cm hoch
- Papierdraht in Rot, 1,5 m
- 5 Sisalsterne in Rot, 5 cm
- Filz-Schneeflocke in Rot, 3 cm
- 3 Glassterne in Grün, 5 cm
- 9 Christmas-Nudeln, 3 cm
- 4 Perlmutt-Sterne in Rot, 2 cm
- Engelshaar

1 Für den Zimtkranz die Zimtstangen von außen nach innen auf dem Strohrömer mit Heißkleber befestigen. Dabei die großen Stücke am äußeren Ring, die kleineren innen anbringen, bis kein Stroh mehr sichtbar ist.

2 Den Tannenkranz nach der Anleitung auf Seite 7 aus Tannengrün, Korniferen und Kieferzweigen fertigen.

3 Den Zimtkranz auf den Tannenkranz legen und mit Heißkleber fixieren. Das Schleifenband in die Kränze legen, feststecken und die Kerze hineinstellen.

4 Die Sisalsterne auf den Papierdraht fädeln und diesen zur Spirale um einen Stift wickeln, dann zusammenbinden und auf den Kranz legen. Am Endstück eine Christmas-Nudel und eine Filzflocke befestigen.

5 Perlmutt-Sterne und Christmas-Nudeln mit Heißkleber anbringen. Das Engelshaar um den Kranz drapieren.

TIPP

Möchten Sie den Zimtkranz wiederverwenden, diesen nur auflegen, nicht festkleben.

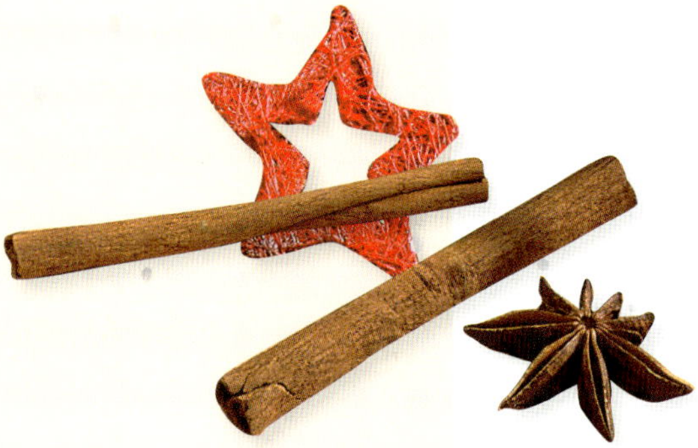

Sisalstern

MATERIAL

- *Sisalstern mit Curl-Draht in Weinrot, 30 cm*
- *Kerze in Natur, 80 x 50 mm*
- *Ilexranke, künstlich, 1 m*
- *Zimtstange, 30 cm*
- *Zapfen, z. B. Lärche, Hemlocktanne*
- *Anissterne*
- *3 Glaskugeln in Weinrot, 2 cm ∅, 3 cm ∅*

1 Die Kerze mit Heißkleber in die Mitte des Sternes kleben.

2 Die Ilexranke in Schlaufen um die Kerze legen, dabei Anfang und Ende sowie einige weitere Stellen der Ranke am Stern festkleben.

3 Zapfen, Anissterne, Zimtstangenabschnitte und Kugeln nach der Abbildung rund um die Kerze fixieren.

TIPP

Alternativ zur künstlichen Ilexranke kann auch ein Kränzchen aus natürlichen Zweigen verwendet werden.

Mit Buchs

MATERIAL

- 2 Tontöpfe, 13 cm ∅, 12 cm
- Stumpenkerze, 4,5 cm ∅, in Weiß, 7 cm
- Buchspflanze, klein
- Mühlenbeckia
- 4 Peperoni, getrocknet
- Rosenblätter in Orange
- 7 Anissterne
- 2 Orangenscheiben, getrocknet
- 15 Weihnachtskugeln in Kupfer, angedrahtet, 1,5 cm ∅
- 3 Metallsterne in Gold, 3 cm
- 7 Holzstreuteile mit weihnachtlichen Motiven, 2 x 2 cm
- Engelshaar in Gold
- Messingdraht, 0,3 mm ∅
- Steckmasse
- Gefrierbeutel
- Blumenerde

Mit Kerze

1 Die Steckmasse so zurechtschneiden, dass sie oben bündig mit dem Topfrand abschließt. Die Steckmasse noch einmal herausnehmen, etwa fünf Minuten wässern. In einem Gefrierbeutel in den Topf legen. Überstehende Teile des Beutels zwischen den Topfrand und die Steckmasse drücken.

2 Die Kerze andrahten (siehe Seite 7) und mittig in den Topf stecken.

3 Buchs in kleine Stücke teilen und um die Kerze in die Steckmasse stecken.

4 Das Engelshaar um den Topfrand legen und mit reichlich Messingdraht umwickeln. Mit Kugeln ausschmücken.

5 Eine Girlande aus Anis und Golddraht anfertigen und um das Gesteck winden.

Mit Sternen

1 Die Buchspflanze in den Tontopf pflanzen. Mühlenbeckia und Engelshaar um die Pflanze wickeln und mit etwas Messingdraht fixieren.

2 Die Orangenscheiben zerkleinern. Aus den verschiedenen Materialien (Orange, Peperoni, Sterne, Rosenblätter und Holzstreuteile) Girlanden herstellen und um den Buchs wickeln. Mit den Kugeln ausgestalten.

Pyramide mit Äpfeln

MATERIAL

- *Tontopf, 12 cm ∅*
- *Maschendraht, 60 x 35 cm*
- *Mühlenbeckia*
- *Exotico (Eukalyptusfruchtstand)*
- *3 Zweige Stechpalme (Ilex) mit Blättern und Früchten*
- *20 Zieräpfel*
- *Kupferdraht, 0,3 mm ∅*

1 Den Maschendraht zu einem Kegel rollen und mit der Spitze nach oben in den Tontopf drücken. Mit Mühlenbeckia bedecken und mit reichlich Kupferdraht umschlingen.

2 Das Exotico, die Ilexbeeren und einzelne Ilexblätter in die Pyramide stecken.

3 Die Zieräpfel mit ihren Stielen an einem Stück Kupferdraht so befestigen, dass eine Girlande entsteht, und diese gleichmäßig auf dem Gesteck verteilen.

Apfelpyramide

MATERIAL

- *Apfelpicks in Hellgrün*
- *Bouillon-Effektdraht in Gold*
- *Zinkeimer, ca. 12 cm hoch, 13 cm ∅*
- *Trockensteckmasse*
- *Trockensteckziegel, pyramidenförmig, ca. 12 cm hoch*
- *Satinband, schmal*
- *Buchszweige*

1 Den Eimer mit Steckmasse füllen. Einige Blumendrahtstücke hineinstecken und pyramidenförmige Steckmasse aufsetzen. Die Äpfel rundum dicht feststecken, die Zwischenräume mit Buchszweigen füllen. Die ganze Pyramide locker mit Bouillon-Draht umwickeln.

2 Aus den übrigen Buchszweigen mit Bindedraht ein kleines Kränzchen binden und mit dem Satinband am Eimer festbinden

Äpfel als Kerzenständer

Mit dem Kernhausausstecher ein Loch in den Apfel stechen, die Kerze hineinstecken und den Apfel auf einem Buchskranz anrichten.

TIPP

Künstliche Apfel zusammen mit silbernen Kugeln auf einem Zinkteller arrangieren oder einen Adventskranz damit schmücken.

Engel-Gesteck

MATERIAL

- *Spaghetti-Glas, 57 cm hoch*
- *Sisalstern in Gold, 30 cm ∅*
- *Steckschaum*
- *Plattenmoos*
- *Engel, sitzend, 15 cm hoch*
- *3 Zweige Greiskraut (ersatzweise: künstliche Blätter in Grau)*
- *Rose in Altrosa, gefrostet, 2 Blüten und 2 Knospen*
- *Scheinzypressenzweige*
- *Engelshaar in Weinrot*
- *6 Spiegelbeeren in Rosa, Creme, 3 cm ∅*
- *Kordel in Creme, 0,8 cm ∅, ca. 2 m*
- *Draht-Perlenkette in Silber-Creme*
- *12 Filzsterne in Creme, 3 cm ∅*
- *2 Sterne in Creme, gezuckert, 4 cm ∅*
- *Zypressenzapfen*

1 Das Spaghettiglas mit Engelshaar füllen und den Sisalstern auf die Glasöffnung kleben.

2 Ein kleines Stück Steckschaum mit Heißkleber auf dem Stern befestigen und mit Moos bedecken. Den Engel aufkleben, dabei auf guten Halt achten.

3 Ringsum die immergrünen Zweige einstecken, davon sollen einige überhängen. Ein wenig Engelshaar über die Zweige geben. Seitlich und auf der Gesteckrückseite die verschiedenen Trockenpflanzen einstecken.

4 Die Kordel und die Perlenkette zusammen zu Schlaufen legen, andrahten und seitlich am Gesteck befestigen. Die Rosen auf dem Gesteck platzieren und mit Spiegelbeeren, Sternen und Zapfen vervollständigen.

TIPP

Die Draht-Perlenkette kann aus feinem Draht selbst gehäkelt werden. Beliebig viele Wachs- oder Glasperlen auf Draht der Stärke 0,3 mm auffädeln, fortlaufend Luftmaschen häkeln und dabei in regelmäßigen Abständen immer wieder eine Perle mit einhäkeln.

Mit Goldkugeln

MATERIAL

- Vase in Cremegold, 15 cm hoch
- 2 Mistelzweige
- 6 Tannenzweige
- 2 Koniferenzweige
- 3 Salalblätter
- ca. 17 Kugeln
- in Gold, 4 cm ∅
- Steckmasse
- Plattenmoos

1 Steckmasse so in der Vase befestigen, dass 1 bis 2 cm über den Gefäßrand hinausragen. Plattenmoos mit U-Haften darauf befestigen und so die Masse abdecken.

2 Die Kugeln andrahten, die Tanne, Koniferen und Mistel teilen und evtl. andrahten.

3 Die Blätter am Rand des Gefäßes nach unten stecken. Die Kugeln gleichmäßig im Gesteck verteilen und das Grün dazwischenstecken, bis das Moos nicht mehr zu sehen ist und alle Lücken geschlossen sind.

TIPP

Dieses Gesteck kann oben rund oder spitz gearbeitet werden – ganz nach persönlichem Geschmack

Glocke & Zapfen

MATERIAL

Glocke

- *Styroporglocke, 6 cm*
- *Schuppen von Weimuts- oder Fichtenzapfen*
- *Holzperle in Orange*
- *Facettentropfen in Grün, 1,5 cm lang*
- *Wachsperle in Grün*
- *3 Facettenperlen in Rot*
- *Band in Gold*
- *Dünne Kordel in Gold*
- *Flitter in Gold*

Zapfen

- *Styroporzapfen, 12 cm*
- *Fichtenzapfen-Schuppen*
- *Moos*
- *Facettentropfen in Kristall, 4 cm lang*
- *Facettenperle in Rot, Grün*
- *Kunstschneeflocken*
- *Organzaband in Hellgrün*
- *Messingdraht, 0,4 mm ∅*

Kugel

- *Styroporkugel, 10 cm ∅*
- *Fichtenzapfen-Schuppen*
- *4 Erlen- und Lärchenzapfen*
- *4 Haselnüsse*
- *Walnuss*
- *10 Zimtstangen*
- *Zweig, frisch*
- *3 Äpfel in Grün, 3 cm*
- *Band in Orange*
- *Organzaband in Hellgrün*
- *Filz in Orange, 3,5 mm*
- *Flitter in Gold*
- *Myhrtendraht*

Um die *Schuppen* von geöffneten Zapfen zu entfernen, so tief wie möglich die linke Schneide einer Hobbyschere unter eine Schuppe schieben und diese mit Druck nach oben von der Mittelachse lösen. Nach einigen Reihen die Mittelachse mit einer Kneifzange kürzen. Den einzelnen Zapfenschuppen auf der Seite der entstandenen Häkchen ein Stück gerade einkürzen.

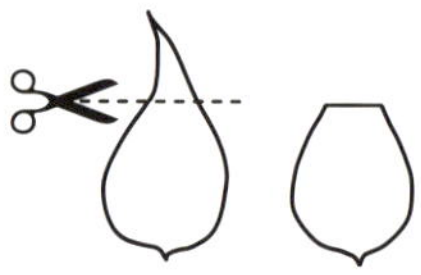

Bei der *Glocke* das obere Drittel der Fichtenschuppen jeweils rundherum von unten nach oben aufkleben, dabei die Schuppen immer überlappen lassen. In den letzten Reihen stehen die Schuppen etwas ab. Die fertige Glocke mit Flitter versehen. Den Tropfen an die Goldkordel knoten, Wachsperle und drei Facettenperlen auffädeln. Die Goldkordel und das Aufhängeband anbringen (Seite 6). Die Holzperle als Abschluss auf das Goldband ziehen.

Für den *Zapfen* den Facettentropfen bis zur Hälfte auf den Messingdraht fädeln, beide Drahthälften zusammendrehen, die rote Perle aufziehen und in die Spitze des Zapfens einkleben. Eng um den Draht Zapfenschuppen ankleben und in Reihen zur nächsten Spitze weiterarbeiten. Am Ende das Organzaband befestigen. Lack aufbringen und Kunstschnee einstreuen. Oben etwas Moos fixieren und die Facettenperle auffädeln.

Die *Kugel* mit Fichtenschuppen bekleben, dabei zuerst das untere Loch der Kugel mit den Spitzen von fünf Schuppen kreisförmig bedecken. Dann reihenweise arbeiten. Am Ende eine kleine Öffnung lassen und das orangefarbene Band befestigen. Etwas Flitter aufbringen. Das Organzaband (2,5 cm breit, 80 cm lang) zur Schleife legen, mit Draht abbinden und befestigen. Äpfel und alle Naturmaterialien aufkleben. Den Zweig zwischen die Früchte winden. Vier Sterne nach der Vorlage aus Filz arbeiten. Die Enden der Schleifenbänder raffen und die Sterne anbringen.

Lampionkranz

MATERIAL

- *Styroporkranz, flach, 25 cm ∅*
- *Flower Lights, 10 Lämpchen, batteriebetrieben*
- *Floristenkrepp in Grün*
- *10 Lampionblüten (Physalis)*
- *15 Kiefernzapfen*
- *Eicheln, mit und ohne Hut*
- *Efeublätter*
- *Moos*
- *5 Antonfrüchte in Orange*
- *Dschungelgras in Natur*

1 Der Lampionkranz ist batteriebetrieben. Durch einen Schalter an der Rückseite kann der Kranz aus- und eingeschaltet werden. Er ist als Türkranz und auch als Tischkranz verwendbar.

2 Für die Batteriehalterung ein entsprechend großes Stück am äußeren Rand der Unterseite des Styroporkranzes mit dem Messer ausschneiden. Den Batteriekasten so einsetzen, dass er nicht wackeln kann. Der Schalter sollte frei zugänglich sein.

3 Die einzelnen Drahtschnüre mit den Lämpchen auf dem Kranz gleichmäßig verteilen und mit U-Haften fest anstecken.

4 Den ganzen Kranz (außer dem Batteriekasten) mit Floristenkrepp umwickeln. Die Lämpchen dabei etwa 3 cm nach oben stehen lassen.

5 In die Lampionblüten an der unteren Seite je ein kleines Loch schneiden. Die Blüten über die Lämpchen stülpen und mit Heißkleber am Kranz fixieren.

6 Das Moos als Untergrund auf den Kranz kleben oder mit Römerhaften feststecken. Kiefernzapfen und Eicheln ankleben. Die Efeublätter und die Antonfrüchten feststecken. Zum Schluss mit Dschungelgras dekorieren.

Deko-Kugeln

MATERIAL

Nelken-Kugel

- *Styroporkugel, 6 cm ∅*
- *Gewürznelken*
- *Filzband in Rot, 10 mm breit*
- *Filz in Rot, 1 mm stark*
- *6 Glasschliffperlen in Orange, 0,4 mm ∅*
- *Messingdraht, 0,6 mm ∅*

Anisstern-Kugel

- *Styroporkugel, 5 cm ∅*
- *Anissterne*
- *Zimtstange, ca. 9 cm lang*
- *Filz in Rot, 1 mm stark Organzaband in Rot, 10 mm breit*
- *Facettenperlen in Rot, 6 mm ∅*
- *Facettenstern in Kristall, 3 cm ∅*
- *Messingdraht, 0,6 mm ∅*

1 Das rote Filzband als Aufhänger in die Styroporkugel einarbeiten (siehe Seite 7). Gewürznelken am Stielende mit Klebstoff versehen und in die Kugel drücken, dabei die Nelken eng aneinandersetzen.

2 Messingdraht (8 cm und 14 cm lang) an einem Ende eindrehen und entgegengesetzt 1 cm neben dem Aufhänger in das Styropor stecken. 12 cm Messingdraht auf einer Seite zur Spirale drehen und diese in der Unterseite der Kugel einsetzen.

3 Sechs Sterne aus rotem Filz schneiden. Jeden Drahtbogen mit einem Stern an dem Filzband fixieren und auf der Rückseite jeweils einen Stern dagegensetzen. Über der Spirale beidseitig einen Stern anordnen. Eine Perle auf jedem Stern platzieren.

Anisstern-Kugel

1 Die Zimtstange mit etwas Klebstoff in der Kugel befestigen. Den Facettenstern 4 cm lang an Messingdraht andrahten, eine Facettenperle aufziehen und das Drahtende gegenüber der Zimtstange einkleben. Anissterne eng verteilt auf die Kugel kleben.

2 3 cm Messingdraht zum „U" biegen und die Enden in die Zimtstange zur Öse einkleben. Facettenperlen auf Draht fädeln und um den Zimt zum Perlenkranz binden. Organzaband durch die Öse ziehen. Zwei Sterne aus rotem Filz schneiden und die Öse beidseitig verdecken.

Zapfenkranz

MATERIAL

- *Styroporflachkranz, 35 cm ∅*
- *Acryl-Mattfarbe in Braun*
- *Zweige*
- *Fichten-, Tannen- und kleine Kiefernzapfen*
- *Haselnüsse*
- *Plombendraht in Gold*
- *Sisal in Hellgrün Papierdrahtkordel in Hellgrün, 1,80 m lang*
- *Filz in Grün, Creme, 3,5 mm stark*
- *Schmucksteine in Herzform in Hellgrün*

1 Den Styroporkranz in Braun grundieren. Auf der Wölbung verteilt Fichtenzapfen aufkleben.

2 Einen Zweig zur Seite legen, die anderen Zweige in etwa 12 cm lange Stücke schneiden, sieben Bündel legen, jedes mit einem Plombendraht in der Mitte festbinden und die Drahtenden zu Spiralen drehen. Alle Holzbündel platzieren.

3 Danach mit Tannenzapfen, Kiefernzapfen und Nüssen alle freien Flächen ausfüllen. Sisal verteilt in die Zwischenräume drücken und etwas auseinanderziehen.

4 Die Papierdrahtkordel großzügig um den Kranz winden und Anfang und Ende befestigen.

5 Je einen großen Baum in Grün und in Creme und zwei kleine Bäume in Creme aus Filz ausschneiden.

6 Den langen Zweig auf dem Kranz fixieren. Die Filz-Tannenbäume anordnen und alle cremefarbenen Bäume mit Herz-Schmucksteinen verzieren.

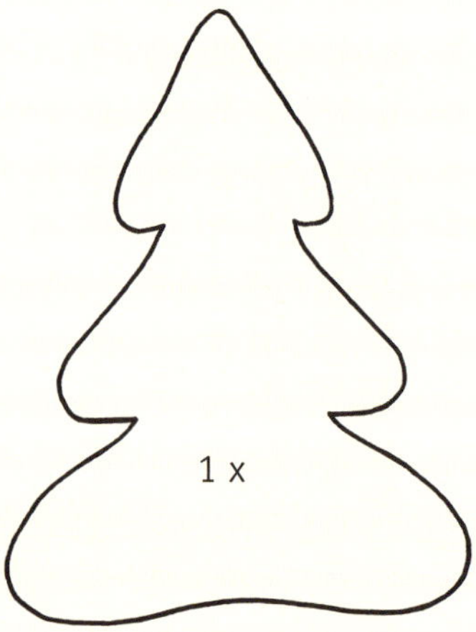

TIPP

Bündel aus frischem Holz werden mit der Zeit locker und ihr Draht muss nachgezogen werden, da die Äste austrocknen und schrumpfen.

Türkranz in Weiß

MATERIAL

- *Strohrömer, 25 cm ∅*
- *Nordmanntanne*
- *Organzaband,*
- *6 cm, in Weiß, 4 m*
- *Engelshaar in Silber*
- *4 Deko-Schneebälle*
- *2 Bund Schneeglöckchen, gezuckert*
- *Schneesternkette, 2 m*

1 Einen Kranz gemäß der Anleitung auf Seite 7 aus Nordmanntanne binden.

2 Das Band (1 m) zum Aufhängen am Kranz befestigen. Aus dem restlichen Band eine Schleife binden und unten am Kranz befestigen. Das Engelshaar verteilen.

4 Die Schneebälle andrahten und rechts und links im unteren Teil des Kranzes nebeneinander anbringen. Die Schneeglöckchen über den Schneebällen in den Kranz stecken.

5 Aus der Schneesternkette ein paar Sterne herausschneiden, andrahten und in dem Kranz verteilt befestigen. Den Rest der Schneekette mit in die Schleife stecken. Die Enden herunterhängen lassen.

Impressum

Autorinnen:

Silvia Braun, Seiten 8 – 17, 32 – 35, 40/41, 48/49,
Margret Eisenbrandt, Seiten 20/21, 52/53, 56 – 59
Ulrike Geisemeier, Seiten 50/51, 60/61
Tanja Huber, Seiten 42 – 45
Claudia Mareth, Seiten 28/29
Karin A. Moisel, Seiten 26/27, 46/47
Kerstin Walther, Seiten 18/19, 22 – 25, 30/31,
36 – 39, 54/55

Fotos:

Roland Krieg, Seiten 6 – 25, 30 – 45, 48 – 61
Verlag Aenne Burda (Uwe Bick, Uli Glasemann),
Seiten 26 – 29, 46/47

www.christophorus-verlag.de

Printed in Germany
ISBN 978-3-419-53451-9

Redaktion: Irmgard Böhler, Wiesbaden
Layout: Network!, München
Gesamtproduktion: smp, Freiburg
Druck: Himmer, Augsburg 2007